BEAUTIFUL HARMONY

－花装飾　美の空間－

MARIKO DESIGN ROOM

はじめに

花との出会い！　人との出会い！

多くの皆様と花を通じて出会えたことに、心より感謝しています。

また、このたび、すばらしいカメラマンの先生との出会いを

心よりお礼申し上げます。

令和元年によせて、BEAUTIFUL HARMONY（美しき調和）

の意味を大切に出版に踏み切ることにいたしました。

いつまでも出会いを大切に歩いていきましょう。

「MARIKO DESIGN ROOM」
「原万里子フラワーデザインスクール」主宰

原　万里子

Contents

Chapter.1　ビューティフルハーモニー　　　p.04

制作／原 万里子

History

イギリス訪問記　　　p.18

イタリア旅行記　　　p.21

花のオリンピック(WAFA) WORLD FLOWER SHOW　　　p.22

花を求めて 私のドイツ旅行〜ドイツ国立花卉芸術専門学校を訪ねて〜　p.23

Chapter.2　シャインハーモニー　　　p.24

制作／やまだ ひろみ

Chapter.3　ヴァリアスハーモニー　　　p.29

制作／ MARIKO DESIGN ROOM 講師陣

小村 順　　　p.30

芦田 麻由子　　　p.33

久米 真理子　　　p.36

宮原 昌美　　　p.39

中西 恵美子　　　p.42

山本 真理　　　p.45

三戸 幸子　　　p.48

白石 裕子　　　p.51

田中 由美江　　　p.54

須田 有起　　　p.57

武田 眞理　　　p.60

School Information　　　p.63

ユニークな発想

/ **Flower & Green**
モンステラ、スケルトンリーフ、クーゲル、サンゴほか

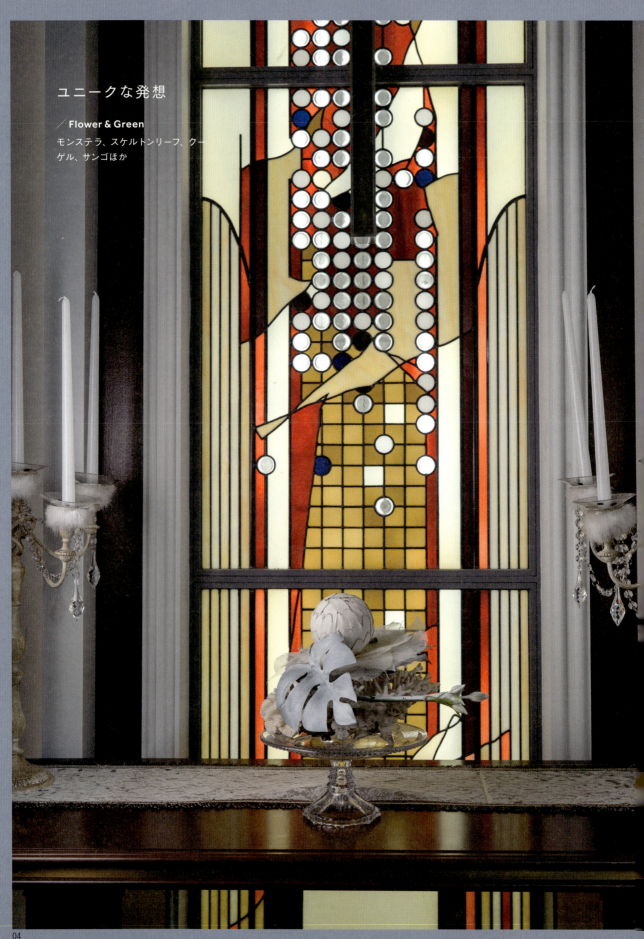

Chapter. 1 ／ ビューティフルハーモニー

制作／原 万里子

サンライズ

ありがとう！のことば

太陽に向って思わず手を合す

万物の象徴！

公園から太陽の光が澄んだ空気の

中にキラキラ輝く１日の始まり

夜明の明星（金星）

やがて太陽の光の中に消えていく

ちっぽけな私より

エノコロ草の動き

/ Flower & Green

エノコロ草、シラン

幼少の私

平野の中で育った私

田んぼのレンゲ草の中で寝ころんでいました

レンゲ草の花で首飾りを作りました

想い出よ一生忘れない

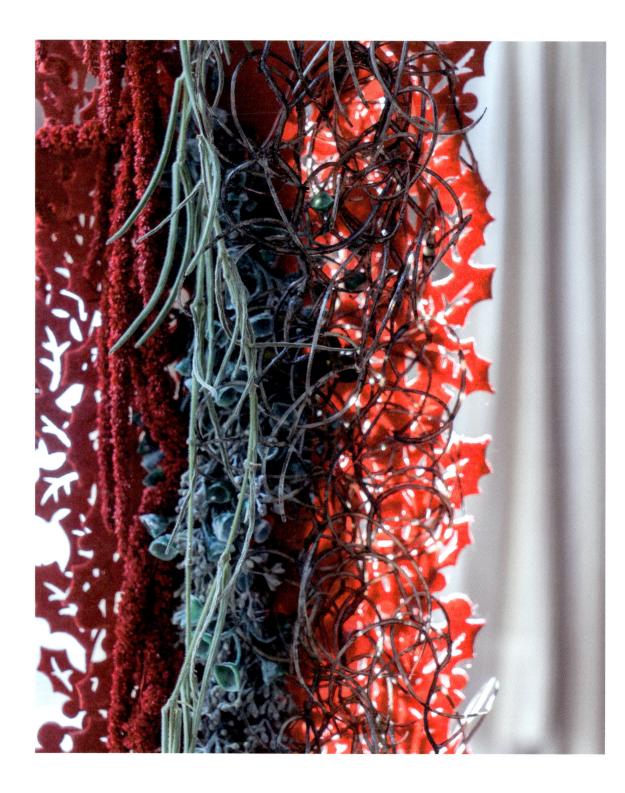

ゆるやかな赤

／ **Flower & Green**
ケイトウ、チランドシアほか

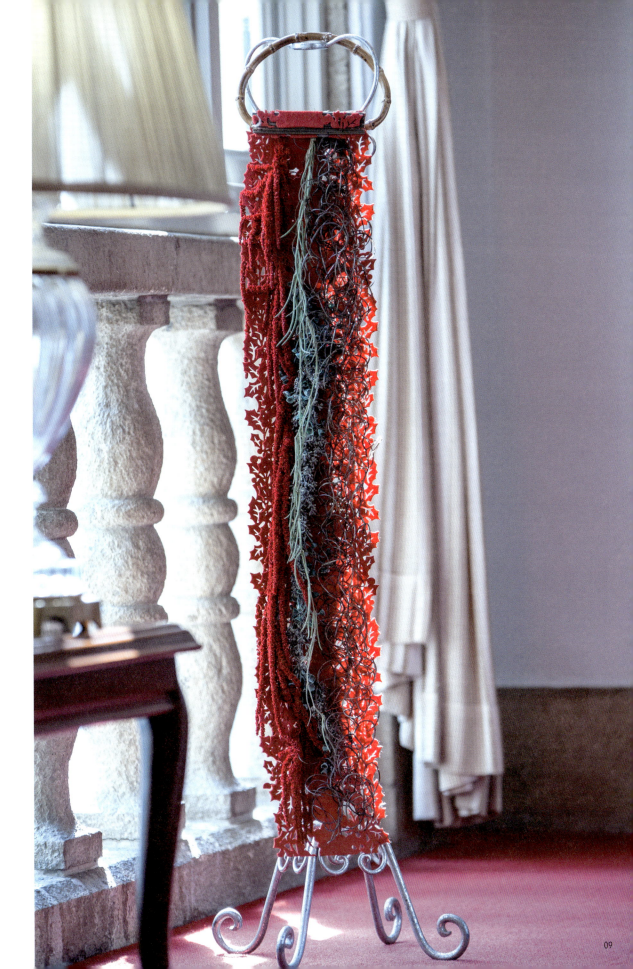

１本の櫻の木に感動

櫻の木に赤い布がまいてあった
目をやると枝に花がついていた
あくる日はその木は根から切断されていた
かなしい私はどうすることも出来なかった
何日かすぎその木から葉が出ていた！　感動！

和・輪・心

/ Flower & Green
アンスリウム、ゲーラックスほか

宝塚の初秋

／ Flower & Green

グロリオサ、ケイトウ、パニカムほか

Myガーデンにて

7−8年畑を作っている

小さな豆の種から今にもヒョロヒョロの

葉(目)が目にとまる

草といっしょに捨てようとしたが植えてやった！

ところがその細い木に実が1つついていた

うれしかった！

平行に動く線

／Flower & Green
マツバほか

お花が笑った！
　〃　泣いた！
　〃　咲いた！
　〃　ころんだ！

私の人生　―　お花は私

[上] 葉脈のハーモニー

／ Flower & Green
シクラメンの葉、ハートカズラ

[右] あの日の想い出

／ Flower & Green
シペラス、ベアグラス、コケほか

お花も笑顔も咲かせたい！

赤い輪

／Flower & Green
バラ、エアプランツ、ハートカズラ(すべてアーティフィシャル)、羽根

これ！なあに？

／Flower & Green
多肉植物ほか

原万里子

（公社）日本フラワーデザイナー協会公認校「原万里子フラワーデザインスクール」主宰。MARIKO DESIGN ROOM代表。法政大学エクステンションカレッジ卒業。現代の名工・黄綬褒章拝受、フラワー装飾1級技能士・職業訓練指導員、兵庫県フラワー装飾技能士会会長、ひょうごの匠、（公社）日本フラワーデザイナー協会名誉本部講師・審査員。ホテルやTV番組の花装飾を手がけるなど、幅広く活躍。

◎主な経歴

1993	日本フラワーデザイン展 ブーケ部門受賞イン東京
1994	国際オーキッドフェア 神戸大賞最優秀大賞受賞 他多数受賞
1996	日華親善フラワーデザイン展出展
1999	昆明世界園芸博覧会 NFD日本代表 〜2004年
1999	阪急梅田百貨店 シースルーウィンドウディスプレイ 〜2004年
2002	イギリスWAHA世界大会 コンペティション出展イングラスゴー
2005	WAHA世界大会『class4 日の出 Sunrise』部門‥第1位 特別賞‥横浜市長賞 ダブル受賞
2006	技能顕功賞受賞 2007 日本フラワーデザイン大賞2007 特別展示 出展
2007	芦屋モンテメールにてギャラリー・エントランスを「原万里子 和・モダン・雅の世界」でディスプレイ
2007	フラワー装飾技術 宝塚市技能功労賞 受賞
2008	原万里子フローリストリーパートⅡ 初出版
2008	原万里子プリザーブドデモンストレーション（新山口ターミナルホテル）・新山口ターミナルホテル校開校
2011	兵庫県功労者表彰受賞
2011	WAFA世界大会（ボストン）にて作品出展
2011	平成23年度 現代の名工受賞
2013	兵庫県ものづくり大学 講師
2013 2月	阪神シニアカレッジ非常勤講師
2013 4月	誠文堂新光社 作品集「MUGEN」出版
2013 5月	春の黄綬褒章 拝受
2013 7月	「MUGEN」出版記念 原万里子と17名のフラワーデザイナーたち 作品展開催
2013 11月12月	新婚さんいらっしゃーい！の花装飾担当
2015 10月	「MIDOsan（御堂さん）11月号」に記事掲載
2016 9月	「ひょうご県民だより9月号」「ひょうごの人」に記事掲載
2017 11月	兵庫県公館にて兵庫県技能顕功賞表彰式のお花を担当
2018 6月	（公社）日本フラワーデザイナー協会在籍40周年表彰を受賞
2019 11月	技能グランプリ＆フェスタにて花のデモンストレーション

イギリス訪問記

1998年6月27日　火　出発

　イギリスの旅を語る前に、戦前海外留学生唯一の人で外国の文化技術を持ち帰ったパイオニアである今は亡き私の花の師匠、私を育てて下さった多木金作先生を思います。当時（1930年）から68年前15000トンの汽船で50日間かかってロンドンに到着したとの事、先生にとって一生忘れられない英国での第一歩をふみ出したこと等、その時の様子は何度も伺っています。そして今まで私がイギリス旅行を延期したわけは多木先生と共に旅行することを約束していたからです。震災でひどいショックのあとも、多木先生はイギリスへの思いは強かったのですが年齢的にも無理だと察しましたし、とても残念でした。

　いつもレッスンのときはイギリスの話が多かったし先生の学ばれたスクールを見たかったのです。私がイギリスを体験し先生の教えを再現（生きて）したいと思います。ところで先生がフローラルアートに出会ったのは、ロンドンの友人のところへいつも電車で往復されるところ、たまたまバスで帰る途中ベーカーストリートで看板を見たとの事。あらためて、歩いて看板を確認し訪ねられたスクールがシルヴェスターズ　スクール　オブ　フローラルアート（芸術）。英国では日本のような趣味で教えるというところは一ヶ所も無いのです。

週5回制 11時－17時
イギリスのレッスン内容

　イギリスは基礎的な事を大切にする国。イギリスでのワイヤー技法、使用法、3週間はワイヤリングばかりだったと聞きました。この時のアレンジは水ごけをつめたとのこと（オアシスが無かったので）。針金を大切に使うことに徹しているとのこと。

　この時の先生はラッセル先生（女性）コンスタンススプライ　フラワースクールの創設に努力されたとのこと。これはもと料理、菓子のスクールだそうです。

History *by Mariko Hara*

　フローラルアートの起源はチグリス　ユーフラテス地方でここからエジプトに伝わったと言われます。我が師の話の中に伝統のあるイギリスの昔にふれてみました。又、教えられることも多くあります。
先生からの伝言
「花関係に携わる人々はもっと花を作る者の身になって花を大切に扱って欲しい。副資材も同様に」
「自然と共に生きる私たちは誇りをもっておおらかに振るまうこと」

| フラワーデザインは外国の文化財
　生け花は日本の文化財

　ヨーロッパ各国の文化があり、その国の文化を知るためには、その国の国民性、宗教、風俗、人情、教養、個性など生活様式を体験して初めて知る事ができるのです。文化とは―理屈でなく日々の積み重ね（繰り返し）なのです。
フローラルアート…文化の上に育った人類の宝物
フラワーデザイン…文化の上にできたもの
　フラワーデザインの起源はチグリス　ユーフラテス地方が発祥で、ここからエジプトに伝わり西へ西へと伝わったと思われます。
　もう一つはイラン―インド―中国―朝鮮―と東へのルートから日本へ、陶器などと同様に伝わってきました。

| ロンドン／コッツウォルズ／
　ベルギーの旅（ブリュッセル都市）

　今回の旅の目的は古い建築―絵（アントワープ王立美術館）を鑑賞、そしてガーデニングとアンティークショップなど体験しました。

　ロンドン―日本の時差は冬9時間、夏8時間程度でイギリスが遅れます。まずは空港からタクシー

19

に乗り窓からクラシックな建築の街並木の景色を…大変すてきでした。ぜひ見ていただきたいです。
ロンドンの街の中央を流れるテムズ川、バッキンガム宮殿、ビッグベンにウエストミンスター寺院（国王と議会が戦って国王チャールズ1世が処刑された悲劇の場所）が今は何事も無かったように荘厳にそびえていました。

コッツウォルズ—ロンドンから北へ200km離れた蜂蜜色の村々（ハニーカラーの家並み）が広がる美しい丘陵地帯です。ここは13～14世紀には羊毛産業の栄えた歴史をもっています。まさに時間がこの村で止まったかのようでした。
英国人の人々の暮らしは自然とともに過ごすことを最上と考えている英国人の心を知る旅となりました。

ガーデンについて

　女性ガーデナーには、野菜や果樹の実のりなど料理にも使えるハーブなど実益がある、そしてすべてが楽しめるのも人気です。
☆カラーガーデン〜テーマカラーを気にしながら
☆コテージガーデン〜建物とともに発達した
☆マナーハウスガーデン
☆ナチュラルガーデン〜葉、果樹、野菜も花と共に
☆ベジタブルガーデン
☆ハーブガーデン
☆コンテナガーデン
☆トピアリガーデン
☆キッチンガーデン〜野菜を中心としたデザイン

〜〜ワイルドガーデン〜自然そのものをあつめて
〜〜フォーマルガーデン〜人の手を加えて美しくトピアリー（ルネッサンス様式）
〜〜ナチュラルガーデン〜自然に歩みより自然の姿を残しているもの

History *by Mariko Hara*

| ギャラリー

☆テイトギャラリー（1824年設立）ヘンリー・テイトが8万ポンド寄付。
開館—1897年　みどころは、ターナー（イギリスの誇る画家）の2万点の作品を寄贈。モダンな作品で光を描いた孤高の風景画家 ジョセフ・マラード・ウィリアム・ターナー（1775-1851）。
☆ナショナルギャラリー（国立美術館）19世紀設立、1838年完成。
☆ナショナルポートレイトギャラリー　1856年設立。肖像画が中心。

イタリア旅行記

　2018年11月のイタリアの旅はオリジナリティあふれる感動のひとときでした。

| 旅の最大のイベントである
| バチカン国際音楽祭

　サンピエトロ大聖堂での世界のミサではいろんな国の人々との出会いがあり東西問わず心が1つになりました。

ローマは1日にしてならず
　イタリアの素晴らしい文化や立派な物事は、長年の努力なく成し遂げることはできないことが身に沁みました。

　トレビの泉の側にある誰もが訪れる有名なジェラートのお店、やはり私もオードリーヘップバーンの気分で大好きなジェラートをペロリ。普段味わうことのできない小さな幸せもまた旅の楽しみ、素敵な「ローマの休日」となりました。

21

花のオリンピック（WAFA）
WORLD FLOWER SHOW

花は東西を問わず世界共通であることは言うまでもありません。WAFA（ワハ）とは世界各国から多くの花を愛する人々が集い、技を競う花のオリンピック大会です。発祥はイギリスで1984年に開催されてから29の加入国を持ちまわります。

2005年にはアジアで初めての第8回大会WAFA『和～ハーモニー』が日本で開催されました。開催国として日本の花業界では全力投球で海外のお客様をおもてなしするべく準備いたしました。

出展作品630点以上。わが国での開催はチャンスでもあります。代表国としてのプライド。しかし構えて守りに入ってはいけません。新しいチャレンジへの勇気が要ります。

実はその4年前のイギリス大会で出展をしましたが、フラワーデザイン発祥の地としてのイギリスに貫録を見せつけられました。その時のテーマは「大きく成長するために」。言葉の違いもあり、その意味の読み違いで大きな失敗をした私でした。あの時のリベンジ、その思いが4年後の挑戦、そして今に繋がったと思います。まさに「大きく成長するために！」

日本大会で出展を決めた時、日本代表として恥じない作品にしようと来る日も来る日も試行錯誤を繰り返し一心不乱に作品に取組みました。私に与えられた部門のテーマは〈サンライズ～日の出〉。いよいよその日を迎えます。広い会場の中で落ち着いてしっかりとそのテーマを頭の中でイメージしてから無心で作品を作り上げました。

発表の日の朝、宿泊先のホテルからまるで何かを予感させるような美しい日の出を見ました。そしてその日素晴らしい瞬間は訪れました。私にとって忘れることのできない受賞となり、1位、さらに横浜市長賞のW受賞。まさに素晴らしい一生の思い出となりました。

花と出会い、人と出逢い。今までも花を通して世界の多くの人々と出会いがありました。花の魅力に助けられこれからもまだ見ぬたくさんの方々に出会いたいと願っています。なぜなら、みんなの笑顔が見たいから…。

History *by Mariko Hara*

花を求めて
私のドイツ旅行
ドイツ国立花卉芸術専門学校を訪ねて

　三回目を重ねる、ヨーロッパの花のトレーニングツアーに参加している私ですが、自然への関心と、造詣の深い、ドイツを再び訪れることにしました。

　二年前に、訪れた時の感激は忘れる事なく今でも体全体で感じ、まぶたの奥に刻まれているものです。又いつの日か、行きたいなと思い実現するか否かと思っていたところ再び友人である神藤先生の企画する、花を愛しヨーロピアンの中でも学ぶことの多いドイツデザインの原点にふれたくて再びトレーニングツアーのメンバーに参加したのです。

　少し長旅とあって、気掛かりな事も多かったのですが、時期的（6月〜下旬）にも円高であるし…と思い切ったのです。

　二回目だからこそ何を得、考えなければならぬか自問していた私ですが、出発前何も考えられず、結局ルフトハンザ（ドイツ航空）の機内にてということで、考えたのです。

　行く先はすでに実践的トップフローリスト、グレゴー・レリッシュ先生による、講習とドイツ国立園芸専門学校とこのほかの目的は走りながら考えることにしたのでした。

　グレゴー・レリッシュ先生のレッスン場に訪問。先生は私たちのために教室として改装され、準備されていました。

　シュトラウス（花束）をテーマに、そのねらいと理論を展開することにしました。先生は精力的に作品を作りながら作品のねらい、ドイツでの考え方、歴史的な流れ、基本的スケーマ、午後は実習、それらに対するディスカッションです。花材は豊富で約50アールの農場の野生の草花が素材で、各自で採集制作したのです。

　そして、同じ街バートノイエナールにある先生の花店も興味ぶかいものでした。洗練されたウインドディスプレイ、その横にマイセンの陶器の店と広々したスペースでした。

　その後、土日を利用して、オーストリアチロル高原散策。高山植物など自然の姿にふれました。

　その後ヴァイエンシュテファン国立園芸専門学校へ、ここでこのスクールの学び方、教え方について、多くのことを教えられました。特に広い広い植物園をナイデイガー先生が、一つ一つ説明して下さりAM9〜PM2時ぐらいまで歩く広さでした。植物図鑑が、出来る程でした。

　その後の予定は、計画にない私達の体験でした。まずドイツの、資材問屋を訪ねること二軒、ドイツ人であるガブリエレ・ヴァーグナー（在ハンブルグ）さんによる案内で彼女の友人で花の仕事をしている人々を訪ね心の暖かさを感じることが出来ました。

　ツアーにはない三度目のドイツの旅でした。私にとっては、二度とないすばらしい思い出となり今後の励みとなる事でしょう。

　この後もヨーロッパの花の旅は続くことでしょう。

花鳥風月

大きな世界へ思う存分飛び立って！

/ **Flower & Green**
リリグラス、コバンソウ、ソフトカスミほか

Chapter. 2 シャインハーモニー

制作／やまだ ひろみ

プレジャー

なんだろ？ これは時計？ チョーカー？ リストバンド？ 創造してください。アジアンテイストをたくさんとりいれたアクセサリー。
／**Flower & Green**
トクサ、グリーンネックレスほか

午後のひといき

気持ちのよい日ざしをあびて、うれしさがこみ上げる。
／**Flower & Green**
グリーンネックレス、ハートカズラ、エピデンドロビューム、ベアグラスほか

[左上] 三日月

[中央上] みやび

[右上] hope

[左中] FIRST FRIGHT

[中央中] ピジュー

[左下] WAVE

[中央下] スーパー MOON

[右下] mon bijou

HIKARI

流れる落ちるグリーンとチランドシアのなかから小さな光を見つけた。ランをちりばめて垣間見る光と裏を表現したかった。

／**Flower & Green**
モカラ、デンファレ、チランドシア、コチョウラン、イタリアンベリーほか

永遠につづく架け橋

オンシジュームだけの道筋をなにげなく。片意地はらずそのままを歩いて行くことを表現した作品。

/ **Flower & Green**
オンシジュームほか

やまだ ひろみ

（公社）日本フラワーデザイナー協会公認校「原万里子フラワーデザインスクール」本校 講師。MARIKO DESIGN ROOM チーフデザイナー。フラワー装飾1級技能士、職業訓練指導員、ひょうごの匠。（公社）日本フラワーデザイナー協会 名誉本部講師・審査員。NFDコンテスト審査員。アピア逆瀬川教室、三田教室講師。

HIROMI YAMADA

◎主な経歴

1998	3月	神戸らん展1998 優秀賞受賞
2003	5月	花のフェスタ神戸2003寄せ植え 神戸市長賞受賞
2007	3月	日本フラワーデザイン大賞2007 フローラルアクセサリー部門 奨励賞受賞
2008	10月	ひょうご技能グランプリ 中堅の部 県知事賞受賞
2009	10月	ひょうご技能グランプリ 熟練の部 県知事賞受賞
2009	11月	第30回 宝塚市優秀技能者として受賞
2011		ウエディングブーケコンテストシェラトンカップ2011 第4位受賞
2012	4月	「ひょうごの匠」に認定
2013	4月	兵庫県ものづくり大学 講師
2013	10月	ひょうご技能グランプリ ブライダルブーケコンテスト 兵庫県知事賞 審査員特別賞 受賞
2014	8月	NFDウエディングフラワーインストラクター取得
2014	11月	日本フラワーデザイン大賞2014 ブライダルブーケ部門 奨励賞 受賞
2015	2月	ひょうごの匠 兵庫県技能士会連合会会長表彰受賞
2015	6月	NFD20周年表彰受賞
2015	11月	第50回 宝塚市宝塚商工会 優秀従業員表彰
2015	12月	兵庫県職業能力開発協会より感謝表彰受賞
2017	9月	日本フラワーデザイン大賞2017 ブライダルブーケ部門 奨励賞受賞
2017	10月	第28回兵庫県花き品評会「秋の部」審査員
2017	11月	兵庫県技能顕功賞受賞
2018	2月	「ひょうごの匠」活動功労者として兵庫県知事感謝 受賞
2018	3月	第28回兵庫県花き品評会「春の部」審査員
2018	11月	フラワーアーティストフェスティバル IN 東京堂 グッドコントラスト賞
2019	4月	JAL CUP全国大会フラワーデザインコンテスト2019 第4位入賞
2019	11月	第40回宝塚市技能功労者表彰 受賞

Chapter. 3

ヴァリアスハーモニー

制作／MARIKO DESIGN ROOM 講師陣

▶ P.30-32：小村 順（本校 講師）

▶ P.33-35：芦田 麻由子（本校 講師）

▶ P.36-38：久米 真理子（本校 講師）

▶ P.39-41：宮原 昌美（本校 講師）

▶ P.42-44：中西 恵美子（本校 講師）

▶ P.45-47：山本 真理（山口校 講師）

▶ P.48-50：三戸 幸子（山口校 講師）

▶ P.51-53：白石 裕子（山口校 講師）

▶ P.54-56：田中 由美江（山口校 講師）

▶ P.57-59：須田 有起（本校 講師）

▶ P.60-62：武田 眞理（講師）

JUN KOMURA

［上］流転

川は、野を越え、山越え、すべてを飲み込みどこまでも流れて行きます。長年続けてきた草のローケツ染とコラボレーションしました。

／ Flower & Green

マツカサ、ミスカンサス、ナンテン、麻紐、染色山羊革

［下］パラダイス

輝く日のために。

／ Flower & Green

コチョウラン、アンスリューム、エアプランツ、多肉植物、羽根

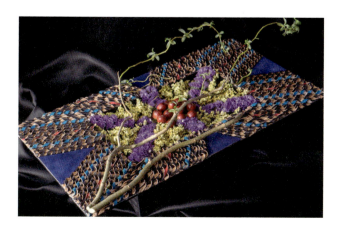

星空のごとく

キラキラ輝く夜空の神秘。細く切った革を色とりどりにネジり敷きつめました。

/ **Flower & Green**

キノブラン、スターチス、ヒペリカム、ヤナギ、染色山羊革

薫風

爽やかな風とともに良い報せが
やってきますように。

/ Flower & Green
スチールグラス、アジサイ、ヒペリカムほか

小村 順

「原万里子フラワーデザインスクール」本校 講師
(公社) 日本フラワーデザイナー協会資格取得 国家資格取得
ひょうご技能グランプリ2013
ブライダルブーケ 第5位

MAYUKO ASHIDA

Sweet Herb Garden

ハーブと花に囲まれて、居心地の
よい空間を。

Flower & Green
ソフトカスミ、タイム、ブルーベリー、
ランタナほか

夏の季節
～ my treasures

夏の日差しの中でも元気いっぱいに遊び、笑い、助け合い、健やかに成長しますように。

/ Flower & Green

ジニア、カスミソウ、ポアプランツ、アジサイ、アマレリーフラワー、スターフラワー（プリザーブド）、バラ（アーティフィシャル）

芦田 麻由子

「原万里子フラワーデザインスクール」本校 講師
フラワー装飾1級技能士
（公社）日本フラワーデザイナー協会 講師

ひょうご技能グランプリ2011 熟練の部 神戸市長賞
ひょうご技能グランプリ2013 熟練の部 兵庫県知事賞受賞

Dreams and happiness

夢のようなウェディングの時間とたくさんの幸せを。

/ **Flower & Green**

バラ、スプレーバラ、オリーブ、ヤブラン

幸せを呼ぶブーケ

ウエディングドレスに寄り添い、美しく…。たくさんの幸せが訪れますように!

/ **Flower & Green**

コチョウラン、スイートピー、マダガスカルジャスミン、リキュウソウ、スマイラックス

MARIKO KUME

Thanks

お花に触れることによって、忙しい日常の中でもいろんなことに感謝の気持ちを忘れないように。

/ **Flower & Green**

トルコキキョウ、スプレーバラ、アスパラベラ、リキュウソウ、スカビオサ、トラノオ、オンシジウム'シェリーベイビー'、セダム、サンダーソニア

Waiting for you

花の咲くときを待って誰かとお出かけしたくなるようなバッグをイメージしてみました。

/ Flower & Green

ツゲ、ユーカリ、スチールグラス

久米 真理子

「原万里子フラワーデザインスクール」本校 講師
フラワー装飾1級技能士
(公社)日本フラワーデザイナー協会講師

淡路花博フラワーデザインコンテスト2010　プティデザイン部門
NFD銅賞
ひょうご技能グランプリ2013　中堅の部　第3位
ひょうご技能グランプリ2014　ブライダルブーケ　中堅の部
第1位　兵庫県知事賞
ひょうご技能グランプリ2016　第3位　フェスタ実行委員会会長賞
日本フラワーデザイン大賞2018　フローラルバッグ部門　奨励賞受賞
ひょうご技能グランプリ2018　第2位　神戸市長賞
2018宝塚市技能功労者表彰　優秀技能者受賞
ひょうご技能グランプリ2019　花束の部　第2位　神戸市長賞

Happiness

それぞれの春に幸せなことがたくさんありますようにと願いをこめて制作。

/ **Flower & Green**

ベアグラス、ミスカンサス、カラーリーフ（プリザーブドなど）、スケルトンリーフ

星に願いを

きらきら星に、いろんな願いを込めて。

/ **Flower & Green**

アジサイ、プリザーブドフラワー、スケルトンリーフ等ドライフラワーほか

メルヘン

小花をふんだんにあしらって、可愛らしくあどけない中にも少し大人の雰囲気を出してみました。

Flower & Green

ドライ小花、デンファレ（プリザーブドフラワー）、ゲイラックス

コラージュ
～静かなるもの～

固定された「静」と、そこに込められた温かいぬくもり。そこから何かを感じられたら…。

/ Flower & Green
バラ（プリザーブドフラワー）ほか

やすらぎ

忙しく過ぎていく1日の時間の中で、ほっと寛ぐひととき…。そんな何気ない「時間」を表現してみました。

/ Flower & Green
アーティシャルフラワー、アジサイほか

宮原 昌美

「原万里子フラワーデザインスクール」本校 講師
フラワー装飾1級技能士
職業訓練指導員
（公社）日本フラワーデザイナー協会 本部講師

ひょうご技能グランプリ2013　中堅の部第4位
ひょうご技能グランプリ2014　アレンジメント中堅の部第3位／ブライダルブーケ中堅の部第5位
ひょうご技能グランプリ2016　アレンジメント熟練の部神戸市長賞
ひょうご技能グランプリ2017　アレンジメント熟練の部第1位　兵庫県知事賞
ひょうご技能グランプリ2017　ブライダルブーケ第3位　フェスタ実行委員会会長賞
宝塚市技能功労優秀技能者受賞
ひょうご技能グランプリ2019　花束の部（公社）日本フラワーデザイナー協会理事長賞

風にゆられて

少し大人びた外見と、まだあどけなさの残る少女の姿…。幸せを運ぶ爽やかな風がブーケを揺らします。

／ **Flower & Green**
バラ（プリザーブドフラワー）ほか

おとぎの国へ

森の中ってどんなのかな。可愛い動物たちに出会えるかしら。ワクワク、ドキドキをたくさん感じて頂けると嬉しいです。

／ **Flower & Green**
バラ（プリザーブドフラワー）、アジサイ、バーゼリアほか

和モダン〜
トクサを使って〜

トクサを使って図形的な面白さを表現してみました。

／ **Flower & Green**
トクサ、ユキヤナギ、アジサイ

EMIKO
NAKANISHI

中西 恵美子 ─────────────

「原万里子フラワーデザインスクール」本校 講師
フラワー装飾１級技能士
職業訓練指導員
（公社）日本フラワーデザイナー協会 講師

ひょうご技能グランプリ2012 熟練の部 第３位
ひょうご技能グランプリ2014 アレンジメント熟練
の部 特別賞 ブライダルブーケ熟練の部 第３位
ひょうご技能グランプリ2017 兵庫県フラワー装飾
技能士会長賞
宝塚市技能功労 優秀技能者受賞
兵庫県職業能力開発協会 感謝表彰受賞
ひょうご技能グランプリ2018 第３位 フェスタ実行
委員会会長賞

Blue Moon

crescent型ブーケ。新しい明日へ飛び立つ不安・喜び・希望を表現。

／**Flower & Green**
バラ、カスミソウ（すべてプリザーブドフラワー）

[左上] 強い意志

shellの形をしたコンポートに様々な波をイメージしました。 同一方向を目指す植物たちの力を感じます。

/ **Flower & Green**

クレマチス、ウンリュウヤナギ、アンスリューム

[右上] 静花

小さい花々をガーランドで集めました

/ **Flower & Green**

ハイドランジア、デルフィニウム、スマイラックス

[左下] Succulent march

東京オリンピックの2020開会式にみたてて多くの種類の多肉が勢ぞろい。ワクワク感を表現しました。

/ **Flower & Green**

多肉植物(恋心、スパーチュラタ、オーロラ、紅葉祭り、クラバツム、小熊の手袋、アロエ不夜城、セダム)ほか

[右下] White Xmas Wedding

コチョウランの花言葉は「幸福が飛んで来る」繊細なコチョウランをガーランドで繋いでいます。お二人の幸せを紡ぐように。

/ **Flower & Green**

コチョウラン、ルスカス

MARI
YAMAMOTO

旋律

/ Flower & Green
ガーベラ、アンスリウム、ドラセナ、
イタリアンベリー

大地からの便り

／ Flower & Green

多肉植物、モンステラ（アーティフィシャル）ほか

輪

／Flower & Green

バラ（プリザーブドフラワー）、スマイラックスほか

山本 真理

「原万里子フラワーデザインスクール」山口校 講師
（公社）日本フラワーデザイナー協会資格取得
国家資格取得
ひょうご技能グランプリ2015 ブライダルブーケ 中堅の部 第3位

SACHIKO MITO

冒険心

娘が幼い頃、小花を摘んで帰ってプレゼントしてくれました。早速、花瓶に飾るとキラキラ目を輝かせて喜びました。そんな思い出を形にしてみました。

／Flower & Green
ガーベラ（アーティフィシャル）ほか

雅（みやび）

幾度となくブーケをつくる機会に恵まれました。振り返るといつもどこかに「和」のテイストに安らぎを意識して制作いたしました。

／Flower & Green
デンファレ、リキュウソウほか

愛をこめて

洋風のオリジナルしめ縄

三戸 幸子

「原万里子フラワーデザインスクール」山口校 講師
(公社)日本フラワーデザイナー協会資格取得

YUKO
SHIRAISHI

時の流れ

原先生と初めてお会いしてから30年。やっとここまで来ることができました。原先生の大胆でありながらも優雅で繊細な香りのするお花が大好きです。そんな原先生に少しでも近づけるようにと手がけた作品です。

/ **Flower & Green**
ダリア、トルコキキョウ、テッセンほか

Afternoon tea

／ **Flower & Green**

アンスリウム、テッセンほか

Summer time

／ **Flower & Green**

スチールグラス、ウンリュウヤナギ、ハラン、タニワタリ、アジサイ、モンステラ、アンスリウムほか

白石 裕子

「原万里子フラワーデザインスクール」
山口校 講師
(公社) 日本フラワーデザイナー協会講師
神戸らん展入賞

YUMIE
TANAKA

フェニックス

／ Flower & Green
コチョウラン、ソフトカスミ、羽根ほか

スクエア ハーモニー
(square harmony)

/ Flower & Green

キク、グリーンネックレス、多肉植物
(すべてアーティフィシャル)

LOVE.サンタクロース

/ Flower & Green

赤バラ(プリザーブドフラワー) ほか

クリスタル
イマジネーション
(crystal imagination)

／ Flower & Green
モンステラ、多肉植物（すべてアーティフィシャル）

復活

／ Flower & Green
ガーベラ、オンシジウムほか

田中 由美江

「原万里子フラワーデザインスクール」山口校 講師
(公社) 日本フラワーデザイナー協会 1 級
国家資格取得
ひょうご技能グランプリ2014 ブライダルブーケ熟練の部 第2位
神戸市長賞

YUKI SUDA

ロマンティック

和洋折衷のタペストリー。ダリアとマムをメインに制作しました。コルクの板に和紙を貼り、花材を取り付けました。金色のリボンは、直線と曲線が入りまじり、作品に躍動感を与えます。たわわに実った葡萄は、生命力を感じ、今にも鳥たちが食べにやってきそうです。

/ **Flower & Green**
ダリア、マム、葡萄、ユーカリ、タッセル、リボン、和紙

右／風にゆられて

ホワイトとグリーンをベースにした、やわらかい色合いのナチュラルなリースです。爽やかな風にゆられて、初夏の訪れを心地よく感じます。

/ Flower & Green
ダリア、アジサイ、ベリー、ラタンリース、リボン

左／キュート

大好きな果物を、ぎゅっとつめこみました。たくさんのおいしそうな果物に、子どもたちも笑顔いっぱい。夢もふくらみます。

/ Flower & Green
苺、ラズベリー、ブルーベリー、チェリー、葡萄、グリーン、ラタンリース、リボン

お花との出逢い

大学生の頃より、原 万里子先生、山田 裕美先生、
そしてたくさんの教室の仲間といっしょに、お花を学ばせていただきました。
色々なことに挑戦することの素晴らしさは、
私の人生を、より豊かなものにしています。
改めまして、心より感謝申し上げます。
先生の斬新なデザインは、印象深く、人々の心に響きます。
これからも、お花の奥深さを学んでいきたいと思います。

華やいで、幸せのとき

/ Flower & Green

コチョウラン、宿根スイートピーほか

須田 有起

「原万里子フラワーデザインスクール」本校 講師
フラワー装飾1級技能士
(公社) 日本フラワーデザイナー協会1級

ひょうご技能グランプリ2009　中堅の部　兵庫県知事賞
ひょうご技能グランプリ2013　熟練の部　第5位
ひょうご技能グランプリ2014　ブライダルブーケ　熟練の部　第4位

MARI TAKEDA

佳き日

扇、扇形の土台に葉を貼り付けたものを組み合わせ、プリザーブのバラを中心にコチョウラン、アジサイなどで飾り、水引、ビーズを加える。誕生から出会いの時を経て、結婚式はふたりの第一歩が始まる日。日本古来の扇や水引に、和モダンなバラやアジサイを加えました。特別な日の特別な花。特別な愛で特別な二人の世界をつくってほしいと願いを込めて。

/ **Flower & Green**
バラ、アジサイ（以上プリザーブド）、コチョウラン、スプレーバラ、グリーン（以上アーティフィシャル）、扇、水引、ビーズ

Breeze（そよ風）

日々の喧噪からふと離れたいと思ったとき、心地よいそよ風が私達を安らぎの心へと運んでくれる。そういう思いを込めて作った爽やかなブーケです。ガラスの器をブーケの台にして、アーティフィシャルフラワーを貼り付けています。

／ **Flower & Green**
アジサイ、スプレーバラ、カモミールほか（アーティフィシャルフラワー）、ガラスの器

涼風

上品な美しさや華やかさのあるバンダと、ポンポンのような丸いギガンジウム、主張の強い二つの花を淡いアジサイが和らげてくれます。

／ **Flower & Green**
アジサイ、バンダ、ギガンジウムほか

エスコート

ワイングラスにスプレーバラで小さなアレンジをしました。スプレーバラの花言葉は、「小さくてもそっと寄り添ってくれる存在感」。大輪のバラの豪華さはないけれど、ほんのりとした暖かさが感じられるように作りました。

/ **Flower & Green**
スプレーバラほか

武田 眞理

「原万里子フラワーデザインスクール」講師
（公社）日本フラワーデザイナー協会講師
フラワー装飾2級技能士

ひょうご技能グランプリ2014 アレンジメント中堅の部　第1位　兵庫県知事賞
ひょうご技能グランプリ2016 ブライダルブーケ熟練の部　第1位　兵庫県知事賞

School Information

MARIKO DESIGN ROOM

http://hanamari.net/

「フラワーデザインを学べる教室」として兵庫県宝塚・西宮市・三田市と山口県を中心に「原万里子フラワーデザインスクール」を開設、レッスンを行う。阪急仁川駅前徒歩1分の立地に、「お花のことなら何でもおまかせ」をモットーにライフスタイルに合わせた花の演出を提案するフラワーショップも展開している。

› List of Floral Designers

► p.04-23
主宰
原 万里子 (はら・まりこ)

「MARIKO DESIGN ROOM」および (公社) 日本フラワーデザイナー協会「原万里子フラワーデザインスクール」主宰。現代の名工・黄綬褒章拝受、フラワー装飾1級技能士・職業訓練指導員、兵庫県フラワー装飾技能士会会長、ひょうごの匠、(公社) 日本フラワーデザイナー協会名誉本部講師・審査員、兵庫県ものづくり大学校講師。ホテルやTV番組の花装飾を手がけるなど、幅広く活躍。

► p.24-28
本校 講師 やまだ ひろみ

フラワー装飾1級技能士、職業訓練指導員、ひょうごの匠。(公社) 日本フラワーデザイナー協会 名誉本部講師・審査員。(公社) 日本フラワーデザイナー協会コンテスト審査員。MARIKO DESIGN ROOM チーフデザイナー。MIMI フラワーデザインスクール主宰。

► P.30-32
本校 講師 小村 順 (こむら・じゅん)

(公社) 日本フラワーデザイナー協会資格
国家資格

► P.33-35
本校 講師 芦田 麻由子 (あしだ・まゆこ)

フラワー装飾1級技能士
(公社) 日本フラワーデザイナー協会 講師

► P.36-38
本校 講師 久米 真理子 (くめ・まりこ)

フラワー装飾1級技能士
(公社) 日本フラワーデザイナー協会 講師

► P.39-41
本校 講師 宮原 昌美 (みやはら・まさみ)

フラワー装飾1級技能士
職業訓練指導員
(公社) 日本フラワーデザイナー協会 本部講師

► P.42-44
本校 講師 中西 恵美子 (なかにし・えみこ)

フラワー装飾1級技能士
職業訓練指導員
(公社) 日本フラワーデザイナー協会 講師

► P.45-47
山口校 講師 山本 真理 (やまもと・まり)

(公社) 日本フラワーデザイナー協会資格
国家資格

► P.48-50
山口校 講師 三戸 幸子 (みと・さちこ)

(公社) 日本フラワーデザイナー協会資格

► P.51-53
山口校 講師 白石 裕子 (しらいし・ゆうこ)

(公社) 日本フラワーデザイナー協会講師

► P.54-56
山口校 講師 田中 由美江 (たなか・ゆみえ)

(公社) 日本フラワーデザイナー協会1級
国家資格

► P.57-59
本校 講師 須田 有起 (すだ・ゆき)

フラワー装飾1級技能士
(公社) 日本フラワーデザイナー協会1級

► P.60-62
講師 武田 眞理 (たけだ・まり)

(公社) 日本フラワーデザイナー協会 講師
フラワー装飾2級技能士

MARIKO DESIGN ROOM

「魅力あるフラワーデザインを学べる教室」として兵庫県宝塚・西宮・三田市と山口県を中心に「原万里子フラワーデザインスクール」を開設、レッスンを行う。阪急仁川駅前徒歩1分の立地に、「お花のことなら何でもおまかせ」をモットーにライフスタイルに合わせた花の演出を提案するフラワーショップも展開している。

http://hanamari.net/

STAFF

Supervisor
原 万里子

Special Advisor
やまだ ひろみ

Produce & Direction & Planning
ハラ ミユキ

Collaborator
小村 順／芦田 麻由子／久米 真理子／宮原 昌美／中西 恵美子／山本 真理／三戸 幸子／白石 裕子／田中 由美江／須田 有起／武田 眞理（掲載順）

Photographer
川西 善樹
K.Hiroyuki
and more…

Designer
室田 征臣（oto）
奎出 彩乃（oto）

Editor
十川 雅子

花装飾 美の空間
BEAUTIFUL HARMONY

2019 年 12 月 23 日　発　行　　　　　　　　　NDC793

著　者　MARIKO DESIGN ROOM
発行者　小川雄一
発行所　株式会社 誠文堂新光社
　　　　〒113-0033 東京都文京区本郷 3-3-11
　　　　［編集］電話 03-5800-5779
　　　　［販売］電話 03-5800-5780
　　　　https://www.seibundo-shinkosha.net/
印刷所　株式会社 大熊整美堂
製本所　和光堂 株式会社

©2019, MARIKO DESIGN ROOM.
Printed in Japan
検印省略
本書記載の記事の無断転用を禁じます。
万一落丁・乱丁本の場合はお取り替えいたします。

本書のコピー、スキャン、デジタル化等の無断複製は、著作権法上での例外を除き、禁じられています。本書を代行業者等の第三者に依頼してスキャンやデジタル化することは、たとえ個人や家庭内での利用であっても著作権法上認められません。

JCOPY ＜（一社）出版者著作権管理機構　委託出版物＞
本書を無断で複製複写（コピー）することは、著作権法上での例外を除き、禁じられています。本書をコピーされる場合は、そのつど事前に、（一社）出版者著作権管理機構（電話 03-5244-5088 ／ FAX 03-5244-5089 ／ e-mail：info@jcopy.or.jp）の許諾を得てください。

ISBN978-4-416-91891-3